Gra[...] c'[...] (pas) cool !

Karen McCombie
Lydia Monks

bayard jeunesse

Pour Tasmin,

qui est si loin, là-bas, à Kirriemuir!

KMcC

★**

Titre original : *Being grown-up is cool (not!)*

Traduit de l'anglais (GB) par Anna Buresi

Loi n° 49-956 du 16 juillet 1949 sur les publications destinées à la jeunesse

ISBN 978 2 7470 2810 3
Dépôt légal : juillet 2009

Karen McCombie

est l'auteur des séries à succès *Le monde délirant d'Ally* et *Stella, etc.*, ainsi que de nombreux romans jeunesse. Elle a aussi écrit dans des magazines anglais pour adolescentes. Elle vit à Londres avec son mari, sa petite fille et deux gros chats.

Lydia Monks

a illustré de nombreux recueils de poèmes, romans et albums pour enfants. Elle vit à Sheffield avec son mari.

Bienvenue chez moi

Caitlin
Fi & Soph
Dibbles
Papa
Fiona
Dylan
Mlle Lévy

1

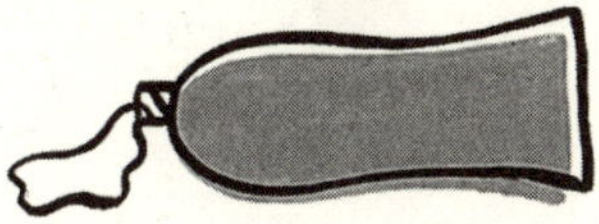

L'ennui, c'est dangereux

Je m'ennuyais un petit peu.

Bon, OK, je m'ennuyais **BEAUCOUP.**

Du coup, j'avais passé vingt minutes dans la chambre de Caitlin. J'avais ouvert de grands yeux devant ses vêtements bizarres, feuilleté sa collection de magazines, senti sa ribambelle de flacons de parfums et de vaporisateurs.

Je savais qu'elle ne m'en voudrait pas d'entrer dans sa chambre et de farfouiller dans ses affaires. Parce qu'elle est super sympa !

Et pas seulement sympa. Il faut que je vous apprenne…

★ DIX CHOSES IMPORTANTES SUR CAITLIN : ★

1 c'est notre locataire. (ça veut dire que maman lui loue sa chambre d'amis ; qui est la mienne aussi, je suppose, puisque j'habite cette maison.)

2 Elle a dix-neuf ans.

3 Elle est Écossaise.

4 Elle est baby-sitter. (Mais elle n'arrête pas de se faire renvoyer, ce qui est très pratique : comme ça, quand maman va au travail, caitlin est ma baby-sitter.)

5 Elle a un piercing au nez et une coiffure intéressante.

6 Elle joue du didgeridoo. (Vous ne savez pas ce que c'est ? Imaginez un **ÉNORME** bâton creux qui produit une sorte de gros rototo **grave** et **sonore** quand on souffle dedans.)

7 Elle a peint sa chambre en violet foncé. Et ses rideaux sont argent et noir.

8 C'est à peine si on voit les murs violet foncé : elle a collé des tas d'affiches dessus.

9 Elle a **CINQ** paires de tennis à semelle compensée, toutes de couleur différente.

10 Elle sent mauvais.

Bon, OK, le numéro 10 est faux.

Mais Caitlin doit *s'imaginer* qu'elle pue, puisqu'elle a besoin d'une ribambelle de parfums et de vaporisateurs.

Bref, l'heure du goûter approchait, et – je l'ai déjà dit – je m'ennuyais.

Un moment plus tôt, je m'étais bien amusée, chez papa. Comme c'était un dimanche après-midi très pluvieux, Dylan (mon demi-frère), Fiona (ma belle-mère), papa (euh, ben, mon papa) et moi avions joué au Monopoly, et j'avais gagné quatre parties sur cinq (génial !).

Après, j'étais rentrée à la maison. Et voici ce que j'y avais trouvé: maman en train de travailler; nos trois chiens roulés en boule roupillant près des radiateurs et qui ne voulaient pas partir en promenade (rabat-joie !) ; des émissions sans intérêt à la télé. En plus, Caitlin était au cinéma, je ne pouvais donc pas discuter avec elle de choses intéressantes, et j'étais

dans un ennui

Tout à coup, maman a crié que le goûter était prêt. J'ai reposé sur la coiffeuse le flacon de parfum que je reniflais, et je me suis levée pour filer à la cuisine.

Mais…

Ouuuuuuuuuaaaaaah!!!

PAF!!

je ne suis pas allée très loin !

Le **Ouuuuuuuuuaaaaaah!!!** ? Ça, c'était moi dans mon imitation tremblotante d'un moulin à vent. J'avais totalement oublié que j'avais essayé les tennis à semelle compensée de Caitlin (les rouge vif) ! J'ai dû faire des moulinets dans tous les sens avec les bras pour garder mon équilibre et ne pas tomber.

Après, **PAF!!** je me suis écroulée – en plein sur Dibbles-le-chien : il avait dû faire un petit tour et s'endormir à mes pieds sans que je m'en rende compte.

Il a fallu que je me décolle du tapis, m'assure que Dibbles n'était pas écrabouillé, et range les tennis où je les avais trouvées.

Après m'être agitée dans tous les sens, je suis enfin arrivée dans la cuisine. J'ai essayé de prendre un air décontracté :

– Euh, salut !

J'étais sûre que maman demanderait ce que c'était que ce **Ouuuuuuuaaaaaah!!!** et ce **PAF!!**

Eh bien, non.

C'était plutôt un bon point : elle n'aurait pas été enchantée d'apprendre que j'avais fouiné dans la chambre de Caitlin ! Par chance, maman ne pouvait pas se douter que j'avais essayé les chaussures, et tout le reste. Là, elle se serait *vraiment* fâchée…

Au lieu de ça, elle a marmonné en posant un sandwich devant moi :

– Désolée, poussin… Je suis débordée de travail, je n'ai pas eu le temps de cuisiner.

J'ai lorgné les deux tranches de pain superposées de travers, et les feuilles de laitue qui s'en échappaient comme un tutu à froufrous.

– Pas grave, ai-je dit avec un haussement d'épaules. C'est quoi, ce travail ?

– Mmmm ?

– Tu t'occupes toujours des rainettes ?

– *Mmmm* ? a re- *mmmarmonné* maman.

En fait, elle ne m'écoutait pas.

– J'AI DIT : TU LIS ENCORE DES CHOSES SUR LES RAINETTES ?

Maman est la directrice adjointe du Pense Bêtes, un refuge pour les animaux. Cette semaine-là, les gens du refuge avaient recueilli trois grenouilles (toutes mignonnes, toutes vertes, toutes petites). Une bonne aubaine pour les grenouilles, mais un casse-tête pour maman et les autres : ils ne savaient pas du tout comment s'en occuper. En fait, maman avait été obligée de téléphoner à la

(ou quelque chose comme ça) et de leur demander, pour commencer, quel genre de grenouilles c'était.

Maintenant, les rainettes vivaient provisoirement chez nous, en attendant qu'elles retrouvent leur joie de vivre et de bondir.

– Non, pas sur les grenouilles, a répondu maman en feuilletant un amas de notes. C'est juste... autre chose.

J'allais lui demander *quelle* autre chose lorsque j'ai eu envie de savoir ce qu'il y avait, exactement, dans mon sandwich à froufrous.

J'ai soulevé une des tranches de travers, et je me suis écriée, surprise :

– De la laitue, c'est tout ?

Maman a levé les yeux de son travail top secret et froncé les sourcils :

– Hein ? Mais où est le thon ?

Elle voulait que je cherche dans mes poches, ou quoi ?

– J'en sais rien. Encore en train de nager dans la mer, si ça se trouve.

– Oh, Indie, je suis désolée ! a fait maman en passant une main dans ses cheveux blonds en bataille. J'avais prévu de te préparer un sandwich au thon et à la laitue… J'ai dû m'embrouiller à cause de… de tout ça.

Elle a agité les feuilles de papier devant elle.

– Pas grave, ai-je répété.

Je n'étais absolument pas contrariée par son étourderie (j'avais l'habitude !).

– Mais c'est quoi, tout ça ? ai-je continué.

– Mmmm ?

Ça m'aurait vraiment plu que maman arrête ces *mmm* et m'écoute pendant… je ne sais pas, moi… cinq secondes ! D'autant que j'essayais de m'intéresser à son travail.

– Euh… rien qui te concerne, Indie.

– Comment ça, « rien qui me concerne » ?

Là, ça commençait à me concerner !

– Écoute, ce n'est pas ce que j'ai voulu dire, a soupiré maman, un chouïa agacée. C'est du travail, c'est tout.

J'étais un chouïa agacée moi aussi. Bizarre… Maman, si gentille d'habitude, était plutôt ronchon et grognon, ces jours-ci. En plus, elle ne me parlait jamais sur ce ton ! Du genre : je-suis-une-grande-personne-tu-n'es-qu'une-petite-fille-et-tu-ne-peux-pas-comprendre.

Enfin quoi, je comprends presque tout, même ce qui est IMPORTANT et compliqué ! Comme, par exemple, les gens qui divorcent (maman et papa); les gens qui ont moins d'argent que les autres (maman et les parents de mes copines) ; les gens qui doivent travailler très dur et prendre des locataires (maman et Caitlin).

Alors, pourquoi maman me parle-t-elle comme à un bébé ? me suis-je demandé. Ça lui était déjà arrivé plusieurs fois, ces jours-ci...

Qu'est-ce qui lui prend ?

Vous savez, dans ces moments-là, j'ai hâte de devenir une grande personne ! Au moins, on ne me traiterait pas comme si je n'avais rien dans la cervelle !

– INDIA... ? !

Aïe. Là, j'ai sursauté. Maman ne m'appelle jamais par mon vrai prénom !

– Oui, quoi ?

Double aïe.

Elle me fixait avec de très –

très –

gros yeux.

– Mais où est passé ton sourcil gauche ?

Aïe, aïe, aïe...

– India... qu'est-ce que tu as encore fabriqué ?

– Rien, j'ai juste essayé une crème de Caitlin ! ai-je couiné tandis que maman contournait la table et me prenait par le

menton pour m'obliger à lever la tête et m'examiner de près.

AU SECOURS. Je pensais que personne ne pourrait jamais se rendre compte que j'avais mis un tout petit chouïa de crème hydratante de Caitlin sur ma figure. Comment était-il possible que ça ait fait disparaître mon sourcil gauche ?

Maman m'a demandé d'un ton pressant :

– India, quelle crème as-tu utilisée ? Elle ressemblait à quoi, tu t'en souviens ?

– E-elle était d-dans un tube rose, ai-je bredouillé. Elle ne sentait pas très bon…

– Oh, Indie ! Je crois bien que tu as pris la crème à épiler, espèce de petite andouille !

Mmm, apparemment, ça pouvait être dangereux, de s'ennuyer.

Et apparemment, vu que maman prenait un air sévère tout en levant les yeux au ciel, il allait s'écouler un bout de temps avant qu'elle se décide à me traiter en grande personne.

Zut alors…

2

Il y a du sourcil à se faire !

Assise sur le bord de la baignoire, maman adressait des tss-tss-tss au tuyau qu'elle tenait à la main. Elle avait l'air de se demander comment sa fille pouvait être aussi bête.

Pendant qu'elle lâchait ses tss-tss-tss, j'ai décidé que c'était vraiment nul d'avoir dix ans.

Au moins, quand tu es une grande personne, personne ne s'autorise à te faire la leçon comme un chef scout…

– Indie, je n'arrive pas à croire que tu aies fait ça ! a soupiré maman.

D'accord, il vaut mieux avoir deux sourcils. Mais ce n'était pas une raison pour me traiter comme une gamine stupide !

– Mais je ne savais pas que c'était la crème pour enlever les poils ! ai-je grogné, cachée sous ma serviette savonneuse.

(Maman m'avait dit de me débarbouiller et d'ôter toute trace de la crème à épiler avant que mon sourcil disparaisse complètement.)

Elle a commenté en me tendant une autre serviette :

– Indie, tout de même ! Toi qui as dévoré sans problème tous les Harry Potter, tu devrais pouvoir déchiffrer une inscription toute bête sur un tube !

J'ai (encore) essayé de lui faire comprendre :

– Écoute, j'ai cru que c'était de la crème hydratante !

– Indie, a (encore) soupiré maman, on se moque de savoir si c'était une crème normale, une crème pour enlever les poils, ou une crème magique pour devenir invisible. L'important, c'est que tu ne dois pas fouiller dans les affaires de quelqu'un sans demander la permission d'abord. Ce n'est pas très poli, reconnais-le !

– Mais je ne pouvais pas demander à Caitlin, elle n'était pas là ! Et puis, de toute façon, je sais qu'elle ne m'en voudra pas, ai-je bougonné.

Je n'ai pas osé me regarder encore une fois dans la glace, j'avais trop trop peur de voir mon BIZARRE demi-sourcil.

– India, Caitlin est une invitée dans cette maison, et notre amie. Ce que tu as fait est très mal élevé. Et stupide.

J'adore ma maman, vous savez. Mais, là, elle se conduisait comme une…

une…

maman !

Et moi, j'avais l'impression de n'être rien qu'un bébé.

– Salut !

a lancé une voix sur le seuil de la salle de bains.

Tiens, c'était Caitlin, justement.

Je ne m'étais pas rendu compte qu'elle était de retour – les chiens, trop endormis et trop paresseux, ne lui avaient pas aboyé un bonjour.

J'ai trouvé qu'elle avait l'air vraiment très cool, ce jour-là. Elle avait coiffé ses cheveux en petites boules, nouées bien serré sur sa tête; elle avait orné son nez d'une nouvelle pierre scintillante; et puis mis un T-shirt avec

« JE SUIS TIMIDE MAIS PERSONNE NE LE SAIT »

écrit dessus en lettres énormes, plus un mini-kilt écossais, et une de ses grosses paires de tennis à plateforme (les violettes).

Je me suis dépêchée de lui répondre (en espérant qu'elle ne chercherait pas à savoir ce qui se passait, c'était vraiment la honte !) :

– Salut ! Il était bien, ton film ?

– Oui, très bien, a opiné Caitlin. Ça raconte l'histoire de dinosaures mutants venus de l'espace qui veulent dominer le monde et dévorent la moitié des habitants du Texas.

Alors, là, j'ai murmuré :

– Ouaou...

Ça oui, c'était cool et « grande personne ». Bien plus que de gagner quatre parties de suite au Monopoly et de faire disparaître une moitié de sourcil sans l'avoir voulu !

– Alors... quel est le problème ? a soudain demandé Caitlin.

Et, là, mon cœur à dégringouliné sur le sol avec un

pata-plouf.

– Indie, TU te décides à parler, ou c'est moi qui m'en charge ?

Maman avait dit ça en haussant ses sourcils (tous les deux pareils), comme si elle me posait une question. Sauf qu'en réalité elle me donnait un ordre.

J'ai lâché mes mots dans un méli-mélo embarrassé, sans oser regarder Caitlin en face :

– Désolée-Caitlin-je-euh-j'ai-comme-qui-dirait-utilisé-tes-affaires...

– Ah ? Quelles affaires ? s'est-elle enquise.

Comme si elle était curieuse – pas contrariée ni rien.

Alors, j'ai risqué un petit coup d'œil dans sa direction, et j'ai vu qu'elle soufflait une **ÉNORME** bulle de chewing-gum rose.

Comme maman brandissait le tube de crème à épiler pour preuve de ma sottise, j'ai expliqué :

– Euh… j'ai essayé ta crème hydratante mais ce n'était pas de la crème hydratante.

– Houlà, a commenté Caitlin en réaspirant sa bulle rose. Si ça peut te consoler, une fois, j'ai emprunté le rasoir électrique de papa et, sans le faire exprès, je me suis rasé une grosse touffe de cheveux juste au-dessus de l'oreille.

– Oh, misère ! a hoqueté maman. Mais tu étais sûrement toute petite. Indie a dix ans, elle devrait avoir un peu plus de jugeote.

– Non, j'avais dix-sept ans.

Appuyée contre le montant de la porte, l'air décontracté, Caitlin a soufflé encore une méga-bulle rose, et l'a réaspirée tout de suite après.

Maman a froncé les sourcils.

– Vraiment ? a-t-elle fait. Enfin, de toute façon, je considère qu'Indie te doit des excuses. Non seulement elle s'est servie de tes affaires, mais en plus elle est entrée dans ta chambre sans permission.

J'ai marmonné pile au moment voulu :

– Euh, oui, c'est vrai, pardon…

– Pas de problème ! a dit Caitlin avec un haussement d'épaules. Du moment que tu ne gribouilles pas des bêtises sur mes affiches…

HOURRA pour Caitlin !

Elle n'avait pas réagi comme maman, ou comme un chef scout. C'était une grande personne, mais elle restait drôle, décontractée et cool.

C'est à ce moment-là que j'ai décidé d'élaborer un nouveau plan : moi aussi, j'allais me conduire comme une grande personne ! Une personne adulte mais cool ! Et mon modèle, ce serait Caitlin.

Pour commencer, je devais acheter des chewing-gums et m'exercer à souffler des bulles roses

ÉNORMES...

3
La liste de la « grande-personnitude »

J'adore les nouveaux projets. Pas les devoirs qu'on a quelquefois en classe, du genre « **Pourquoi les dinosaures ont disparu** » ! (À mon avis, c'est parce qu'ils se dévoraient entre eux. On le voit très bien dans les émissions de télévision.)

Non, j'adore les projets sympa. Mon premier projet, c'était de trouver quels étaient mes talents. (Résultat : je suis douée pour caser un chien très laid du refuge de maman – c'est comme ça que Dibbles s'est installé chez nous.)

Mon deuxième projet, c'était d'aider mon demi-frère Dylan à avoir des meilleurs amis. (Résultat : ses nouveaux meilleurs amis, c'est moi et Soph et Fi – mes copines.)

Là, on était lundi. Chez Soph, après la classe, j'expliquais à mes meilleurs amis mon tout nouveau plan…

– Je veux ressembler à une grande personne, ai-je marmonné. À une grande personne – *gloub* – vraiment cool.

C'était difficile de parler en mâchonnant un gros bout de chewing-gum !

J'ai ajouté :

– Comme Caitlin.

– Pourquoi ? a demandé Dylan.

Perché sur le lit de Soph, il faisait monter et descendre un yo-yo fluo.

– Je vais te lire la liste que j'ai commencée, lui ai-je dit. Comme ça – *gloub* – tu comprendras.

– Non, je voulais dire: pourquoi tu mâches du chewing-gum, Indie ? Tu n'en achètes jamais !

– Eh bien, –*gloub* – maintenant, si. OK ?

Pas facile de répondre à Dylan ! Il pose tout le temps des questions inattendues.

Tout en câlinant une ribambelle de petits animaux-doudous qui étaient à Soph, Fi a demandé :

– Il y a quoi, sur ta liste, Indie ?

– Pour le moment, je n'ai que –*gloub* – trois choses. Bon, voilà…

ÊTRE UNE GRANDE PERSONNE, C'EST COOL

1 Tout le monde considère que tu as une **CERVELLE**.

– Qui te traite comme si tu n'avais pas de cervelle ? a coupé Fi.

– Maman. Elle…

Houlà. Encore un peu, et je déballais l'histoire de mon demi-sourcil, et la manière dont maman m'avait ridiculisée avec ça. Ce n'était pas du tout ce que je cherchais. C'était beaucoup trop gênant. Et ça ne faisait vraiment pas très « grande personne ».

Alors, tout en lissant la longue mèche de cheveux qui cachait la moitié de mon front, j'ai rectifié :

– Euh, elle est devenue très bizarre et grincheuse.

– Quoi, *ta* maman ? Mais elle est toujours super gentille ! s'est étonnée Soph.

– Oui, eh bien, on voit que ce n'est pas toi qu'elle a grondée comme si tu avais cinq ans ! D'ailleurs, c'est ça qui vient juste après, sur ma liste **ÊTRE UNE GRANDE PERSONNE, C'EST COOL** :

2 on ne te gronde pas comme un bébé.

Fi m'a encore coupée :

– OK, mais pourquoi elle t'a grondée ?

Génial ! Une deuxième question gênante.

– Ben… pour tout, ai-je dit évasivement.

Et j'ai encore lissé ma longue mèche.

J'étais tellement contente que Caitlin m'ait donné l'idée de coiffer mes cheveux comme ça ! Ni mes amies ni Dylan n'avaient remarqué mon sourcil (ou sa disparition). Ce n'était pas tellement différent de mon style de coiffure habituel, visiblement.

– Indie, pourquoi es-tu coiffée comme ça ? a demandé Dylan.

Soupir.

C'était couru d'avance ! Il fallait que Dylan se rende compte de quelque chose !

J'ai bougonné en haussant les épaules :

– Quoi, coiffée comme ça ? J'ai des couettes, comme d'habitude !

– Non, ce n'est pas pareil ! Pourquoi tu as ramené cette mèche sur ton visage ? a-t-il insisté en pointant son doigt vers mon crâne. Tu ne dois rien voir du tout, avec un seul œil !

GRRR...

– Écoute, c'est juste pour avoir un style, OK ? lui a dit Soph. Tu es un garçon, forcément, tu ne peux pas comprendre.

(Elle ne se doutait pas qu'elle venait de me tirer d'embarras. Parce que, franchement, ce n'était pas pour avoir un style, c'était pour avoir un cache-sourcil !)

Fi a rigolé et lancé une grenouille-doudou à Dylan :

– Tais-toi, et écoute la liste !

C'est vrai, ça… Revenons à ma liste, et laissons là ma coiffure pas-pareille-que-d'habitude et le secret qu'elle cache. Je me suis dépêchée d'enchaîner en regardant mon calepin :

– Euh, OK. Après, il y a :

3 Tu peux avoir un travail et habiter où tu veux, sans tes parents.

– D'où est-ce que tu sors ça ? s'est exclamée Soph, l'air déconcerté.

– C'est Caitlin qui m'y a fait penser. Tu vois, quand elle a eu dix-huit ans, elle a quitté sa famille en Écosse, et elle est venue s'installer ici pour son premier job de baby-sitter !

– Mais, Indie, tu ne peux pas ! a déclaré Dylan.

– Qu'est-ce que je ne peux pas ?

Je me demandais où il voulait encore en venir…

– Tu ne peux pas travailler et habiter où tu veux, tu n'as que dix ans !

– Ça, je **sais**. Je note juste les choses vraiment cool qu'on peut faire quand on est grand. Et, un jour, je pourrai !

– Je n'aimerais pas habiter toute seule, a remarqué Soph. Tu ne te sentirais pas abandonnée, si ta maman et ton papa n'étaient pas là ?

De toute façon, je n'habite pas avec papa. Et ce matin-là maman m'avait encore énervée à force d'avoir toujours la tête ailleurs. (Elle avait même été un peu méchante parce que j'avais dit « **beurk** » en la voyant nourrir les rainettes : elle leur avait fait avaler un criquet…)

J'ai répondu :

– Non, ce serait super cool.

– Pourquoi ? a demandé Dylan.

Non, mais franchement. Il est incroyable !

– Ben… parce que c'est cool ! ai-je fait.

Pour un peu, je lui aurais arraché son yo-yo pour l'étrangler avec.

Il a secoué la tête :

– Non… Je veux dire, pourquoi tu as écrit sur ton T-shirt :

« JE SUIS TIMITE MAIS BERSONNE NE LE SAIT » ?

– C'est « **TIMIDE** », ai-je rectifié.

Je m'étais vraiment donné du mal pour recopier l'inscription du T-shirt de Caitlin.

Le mien n'avait pas aussi belle allure, mais j'avais écrit nettement les mots avec un feutre rouge pour tissus. Comment Dylan avait-il pu lire « **TIMITE** » ? !

Fi a pointé son index (et un tigre doudou) dans ma direction :

– Tu as mal écrit « personne » aussi.

Burp... mais comment avais-je fait ça ?

Soph, qui examinait mon T-shirt en plissant le front, a marmonné :

– Je ne comprends pas, Indie... Tu n'es pas timide. Mais, si tu l'étais, eh bien, tout le monde le saurait, puisque c'est écrit là-dessus !

– C'est censé être **drôle**… C'est censé être…

Je cherchais le bon mot, le mot de grande personne qui signifie « humoristique et piquant ». Mais il ne m'est pas venu. Alors, j'ai redit : « **drôle** ». Dylan, Soph et Fi m'ont dévisagée, et j'ai eu l'impression d'être une demeurée.

Tout à coup, une idée m'a traversée comme l'éclair. Et si Dylan, Soph et Fi n'étaient pas assez « grandes personnes », assez mûrs, pour comprendre mon nouveau projet ? Après tout, Dylan faisait mumuse avec un yo-yo, Fi câlinait une ribambelle de doudous en peluche, et Soph n'avait pas compris la plaisanterie sur mon T-shirt !

Mais peut-être étais-je trop sévère avec mes amis ?

– HÉ ! a suggéré Soph en souriant jusqu'aux oreilles, si on allait au parc ? On pourrait dévaler la colline en faisant des cabrioles jusqu'à en avoir envie de vomir !

Bon...

En fait, ma première estimation était la bonne !

J'ai renfilé mon sweat-shirt à capuche et rangé mon calepin dans mon sac.

– Il faut que j'y aille, ai-je dit. J'ai des choses à faire à la maison.

Traîner avec une vraie grande personne du nom de Caitlin, par exemple.

(J'ai pensé que j'avais intérêt à changer de T-shirt. Je n'aurais pas aimé qu'elle me prenne pour un bébé parce que je l'avais imitée...)

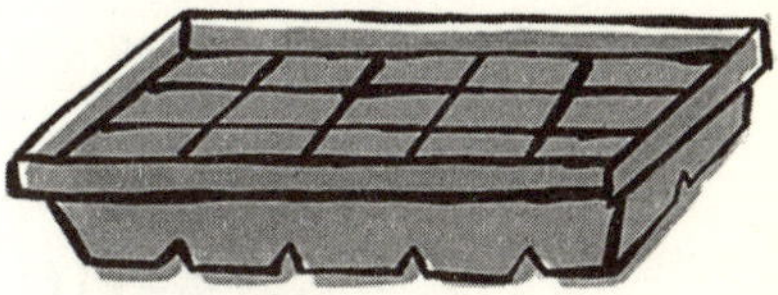

4 Je subis une transformation

Zut.

J'avais eu un petit accident pas-très-grande-personne, sur le chemin de la maison, en revenant de chez Soph. Quelque chose qui était en relation avec l'explosion

plaf!

d'une grosse bulle de chewing-gum…

Il ne fallait pas que maman voie ça ! Étant donné son humeur bizarre, cette semaine, elle finirait encore par

me gronder !

– Où est m'man ? ai-je marmonné, penchée sur l'évier de la cuisine, le nez écrasé contre l'égouttoir.

Pendant ce temps, Caitlin appliquait des glaçons sur mes cheveux – un paquet de mèches toutes collées. (Elle prétendait qu'on enlève plus facilement le chewing-gum gelé que le chewing-gum élastique et mou.)

– Mme Kidd a dit qu'il y avait une urgence au refuge, a-t-elle répondu. Un serpent qui s'est pris dans un de ses anneaux, ou un truc comme ça...

Avec la maman que j'ai, et vu que j'aime les animaux autant qu'elle (ou presque), je savais bien que ce n'était pas tellement le genre de chose qui pouvait arriver à un serpent.

J'ai tourné la tête de côté, et j'ai regardé Caitlin en fronçant les sourcils :

– Tu en es **sûre** ?

– Euh, elle avait peut-être une réunion. Je ne m'en souviens pas, a-t-elle dit, haussant les épaules d'un air vague. J'étais en train de m'exercer au didgeridoo lorsqu'elle est sortie, alors, je n'ai pas fait attention.

Tandis qu'elle parlait, j'ai admiré son maquillage INCROYABLE. Elle avait

mélangé très joliment ensemble des fards à paupières bleu, violet et rose. Ça m'a fait penser au jour où on m'avait grimée en papillon, pour la fête de l'école.

J'ai lancé :

– Ça me plaît. Ton maquillage, je veux dire.

Dans ma tête, j'ai ajouté à ma liste **ÊTRE UNE GRANDE PERSONNE, C'EST COOL :**

> **4** Tu peux t'habiller et te maquiller comme tu veux sans que personne n'y trouve à redire.

Caitlin a eu l'air ravie de mon compliment :

– Merci, Indie ! Je viens de commencer un nouveau job, alors, je fais de super efforts pour présenter bien.

– Ah ? Et tu t'occupes de qui, cette fois-ci ?

C'est difficile de tenir le compte des petits bébés qu'elle garde, puisque Caitlin se fait constamment licencier et qu'elle commence sans cesse un nouveau job !

C'est d'ailleurs bizarre qu'elle soit renvoyée tout le temps. Je n'y comprends rien. Elle est très cool, sympa et tout. Ensemble, on s'amuse beaucoup.

Quelquefois, elle me fait des coiffures punk démentes.

Quelquefois, on regarde juste la télé en dévorant des tonnes de chocolat et en grignotant des chips.

Et, quelquefois, on joue à des jeux vraiment rigolos : par exemple,

une sorte de cache-cache génial, où elle fait semblant d'être un vampire qui court après moi pour m'attraper.

– Je garde une toute petite fille qui s'appelle Scarlett, m'a appris Caitlin. Elle est très mignonne, la pitchounette… mais un peu timide.

J'adore l'accent écossais de Caitlin, et j'adore quand elle emploie des mots comme « pitchounette ».

– Hé, a-t-elle proposé tout à coup, tu veux que je te maquille comme moi ?

– Oh oui, s'il te plaît !

Pendant les minutes suivantes, je suis restée assise sans bouger, toute silencieuse, pour la laisser se concentrer pendant qu'elle étalait des couleurs arc-en-ciel autour de mes yeux. On n'entendait que trois bruits dans la maison : les ronflements canins de Dibbles, Kenneth et George ; le glougloutement de l'aquarium ; et le « CROA, CROA » des trois grenouilles.

Et puis la sonnette d'entrée s'est jointe au concert.

– J'y vais ! ai-je dit en me levant d'un bond.

Et j'ai sprinté pour essayer d'atteindre la porte avant les chiens, comme d'habitude. J'ai ouvert d'un coup sec, et qui ai-je vu ? Dylan, à bicyclette.

– Indie ? a-t-il fait.

Tiens, tiens, qu'est-ce qu'il avait à me regarder de cet air bizarre ? Comme s'il ne m'avait jamais vue de sa vie; comme si je n'étais pas sa demi-sœur, qu'il avait quittée chez Soph vingt minutes plus tôt.

Et pourquoi prononçait-il mon prénom comme s'il posait une question ?

– Ben, oui, c'est moi, bêta ! ai-je répondu en riant. Qu'est-ce qu'il y a ? Tu veux entrer ?

– Euh, non…

non…,

a-t-il bredouillé en s'éloignant à reculons.

Un vrai tour de force, vu que Dibbles-le-chien, sorti en se dandinant, avait refermé sa mâchoire sur l'ourlet de son jean, histoire de jouer un peu.

– Alors, Dylan, qu'est-ce qui t'amène ?

– J'ai juste fait un saut en rentrant à la maison, pour m'assurer que tu allais bien.

Tu es partie drôlement vite de chez Soph ! Comme si… euh…

– *Comme si quoi ?*

Les sourcils de Dylan (les deux) faisaient des claquettes au-dessus de son nez, comme s'il cherchait quoi dire ensuite.

Et puis, tout à coup, il a lâché le paquet :

– Comme si tu avais perdu la boule.

– Dylan ! ai-je hoqueté. Mais qu'est-ce que tu racontes encore ?

Je me sentais vexée, et tout embrouillée, et agacée !

À cet instant précis, une voix a chantonné par-dessus la haie :

– Oh, BONJOUUUUUUUUUUR, INDIE !

C'était Mme O'Neill, la gentille vieille dame qui habite de l'autre côté de la route.

J'ai été bien contente de pouvoir discuter avec une grande personne qui s'exprimait clairement (Mme O'Neill) au lieu d'un petit garçon qui disait des stupidités (Dylan).

J'ai répondu gaiement :

– Bonjour !

Au même moment, Dylan s'est débarrassé de Dibbles en secouant la jambe, a fait demi-tour et franchi la barrière à bicyclette.

Sans même dire au revoir !

Franchement, c'est un drôle de « pitchounet » (comme dirait Caitlin).

– Tout va bien, Indie, ma chérie ? a soudain demandé Mme O'Neill, sourcils froncés. Tu as eu un accident ?

– Mais non !

J'ai secoué la tête, me demandant si elle était en train de délirer. (Cette supposition n'a rien de délirant : Mme O'Neill a l'habitude de cirer sa poubelle à roulettes et d'épousseter sa haie.)

– Alors, pourquoi as-tu l'air si… bizarre, Indie chérie ? Tu as… tu as les deux yeux au beurre noir !

– Euh, non… pas du tout, je vous jure ! ai-je répondu avec un petit coup au cœur. Écoutez, il faut que je rentre finir mes devoirs.

Après un petit signe de main amical, je me suis dépêchée de refermer la porte, et je suis allée m'examiner dans la glace du vestibule.

Hou-là.

Caitlin s'était si bien appliquée à me maquiller qu'elle avait oublié d'enlever le chewing-gum qui collait encore mes cheveux. Ils formaient maintenant une touffe toute raide, dressée à l'avant de mon crâne – comme si ma frange était prise dans une tempête de force 10 (avec embruns de chewing-gum…).

Et, puisque ma frange était debout toute raide, alors, Dylan et Mme O'Neill avaient dû parfaitement voir mon demi-sourcil !

Et puis… d'accord, le maquillage en forme de papillon bleu, violet et rose était

magnifique sur Caitlin. Mais, de loin, il devait donner l'impression que j'avais bataillé pendant trois rounds contre un kangourou boxeur !

Oh là là ! Se comporter comme une grande personne, c'était beaucoup, BEAUCOUP plus dur que prévu…

5

Je cause des ennuis à Dylan

> **5** Tu peux décider de te débrouiller tout seul sans qu'on se moque de toi.

Ce matin, avant de partir en classe, j'avais trouvé un autre atout pour ma liste **ÊTRE UNE GRANDE PERSONNE, C'EST COOL**.

Maman avait encore été très énervée et grognon. Je ne savais pas pourquoi. Si je le lui demandais, ça risquait de la rendre encore plus énervée et grognon.

Alors, j'avais juste essayé de me rendre utile. J'avais servi : aux chiens, leurs croquettes ; à Smudge la chatte, ses petits morceaux de viande ; à tous nos poissons, leurs flocons ; et aux trois rainettes, leurs criquets (beurk...).

– Écoute, Indie, je vais téléphoner à papa pour savoir si tu peux goûter chez lui, après l'école. Je dois travailler tard au refuge, ce soir. Et Caitlin dit qu'elle ne pourra pas rentrer à temps pour te garder.

Ah ! c'était pour ça que maman était stressée. Elle se demandait ce qu'elle allait faire de moi. Comme si c'était une question à se poser ! Je pouvais me débrouiller toute seule, quand même !

De toute façon, je ne voulais pas aller chez papa. Enfin, je ne voulais pas aller chez papa pour me retrouver face à Dylan, vu la manière dont je m'étais ridiculisée devant lui, la veille…

J'ai protesté :

– Maman, je peux simplement rentrer à la maison ! Je n'ai pas besoin qu'on me garde !

Là, maman a fait tout un cinéma, et elle a prétendu que j'étais beaucoup trop jeune pour être livrée à moi-même.

Génial.

J'ai quand même réussi à faire valoir que j'avais beaucoup de devoirs et que, chez papa, je n'arriverais pas à me concentrer parce que Dylan serait là. Ne pouvais-je pas aller chez Mme O'Neill pendant une heure ou deux ?

Après ce début de journée désopilant
(pas du tout),
j'ai passé ma matinée de classe à…

a) **RÂLER** contre maman,
b) lisser ma mèche devant mon œil gauche,
c) discuter avec Soph et Fi en les regardant de travers pour cacher le côté droit de mon visage (devinez pourquoi),

ET…

d) me répéter (**BLURP**) que je devais parler à Dylan et « le mettre dans la confidence » (une expression de grande personne pour dire que je devais le **SUPPLIER** de garder le secret sur mon demi-sourcil).

Pendant que je faisais la queue à la cantine pour avoir des saucisses et de la purée, je lui ai envoyé un message :

On se retrouve au parc après l'école ?

Il ne m'a pas répondu tout de suite. Alors, en parvenant devant l'étalage des desserts, j'ai paniqué : je lui ai envoyé une photo de mon visage. Enfin… de ma moitié de sourcil gauche, quoi. Comme ça, *il* saurait que *je* savais qu'*il* savait.

Si vous me suivez bien.

Et puis, il a répondu :

OK. Où ça, dans le parc ? Pas du côté des balançoires et du toboggan ; tu pourrais faire fuir les bébés !

Pff ! Ha-ha-ha, ai-je pensé en levant les yeux au ciel.

Mais bon, je suppose que c'était une super blague.

En tout cas, maintenant, on était dans le parc : moi et mon demi-frère si rigolo.

Assis dans l'herbe à côté de moi, Dylan a lu à l'envers dans mon calepin.

5 Tu peux décider de te débrouiller tout seul sans que personne se moque de toi.

– C'est encore pour ta liste **ÊTRE UNE GRANDE PERSONNE, C'EST COOL** ?

– Mm-oui. J'ai écrit ça parce que maman n'aime pas me laisser seule à la maison. Je me demande ce qu'elle s'imagine, encore ! Je ne suis plus un bébé ! Je ne vais quand même pas mettre le doigt dans la prise électrique ni jouer avec les allumettes !

– Mais tu pourrais toujours avoir un accident, ou un truc comme ça…, a suggéré Dylan.

– Qu'est-ce que tu veux qu'il m'arrive en grignotant des biscuits devant la télé ? ai-je rigolé.

– J'en sais rien.

– Non, mais réfléchis un peu, Dylan ! Ce serait génial si, quand tu veux te débrouiller tout seul, les gens disaient : « Pas de problème. »

– C'est important ?

– Ben, évidemment ! Ça voudrait dire qu'ils ont confiance en toi, qu'ils ne se sentent pas obligés de te surveiller à chaque seconde !

Dylan a battu des cils très vite, comme s'il avait un ordinateur dans le cerveau, qui stockait des informations.

Mais il n'a pas eu l'air de vouloir faire le moindre commentaire. (Il lui arrive d'être un peu bizarre – dans le genre sympa, hein !) J'ai pensé qu'il était temps de lui dire pourquoi je l'avais invité à venir.

Et, là, un bruit s'en est mêlé.

Poingggg !! Poingggg !! Poingggg !!

J'ai regardé autour de moi pour voir d'où venait ce **Poinggg.**

– Qu'est-ce que c'est que ça ? ai-je demandé.

– Mon téléphone, m'a informée Dylan.

Il a fixé l'écran, et sa mine s'est allongée.

Franchement, il n'y a que lui pour avoir une sonnerie pareille ! Elle faisait le même bruit que Zébulon dans *Le Manège enchanté*...

– Tu ne réponds pas ? ai-je observé.

– Non, a-t-il rétorqué en rangeant son mobile dans sa poche. C'est maman. Je lui parlerai plus tard.

– Euh, oui, donc, j'ai un service à te demander. Je sais que j'avais l'air bizarre, hier. Mais, en fait, je m'amusais avec Caitlin. Et, pour mon sourcil, je…

Bliip !

Allons bon, Dylan recevait un texto, maintenant ! J'ai patienté pendant qu'il sortait son téléphone une deuxième fois, que sa mine s'allongeait une deuxième fois, et qu'il tapait à toute vitesse une réponse.

J'ai cru qu'il allait me dire à qui il l'envoyait, mais il a juste levé la tête et demandé :

– Tu as fait ça comment ?

Je ne voyais pas du tout de quoi il voulait parler (une fois de plus). Enfin, j'ai compris.

– Laisse tomber, ai-je déclaré en lissant ma mèche par-dessus mon sourcil. Écoute, Dylan, tu dois me JURER que tu ne diras rien à personne. Surtout si « personne », c'est Soph et Fi !

– Tu ne veux pas qu'elles soient au courant ? Comment ça se fait ? Ce sont tes meilleures amies, non ?

– Oui, mais, si elles savaient, elles n'arrêteraient pas de me lancer des vannes. Je veux dire: même *moi*, je ne pourrais pas me retenir de me lancer des vannes, si je voyais mon demi-sourcil !

C'est vrai, je n'aurais pas pu supporter que Soph et Fi se paient ma tête. Je me sentais déjà assez mal comme ça ! La veille, maman avait étalé de la crème « apaisante » sur le côté chauve de mon sourcil. Le genre de crème « apaisante » qu'on met aux bébés quand ils ont les fesses irritées.

Oh, la honte !...

– Ça ne mettra pas trop longtemps à repousser, j'imagine, ai-je continué, ce n'est pas comme si je devais cacher mon sourcil pendant une éternité, ni...

Brrr, Brrrr…
Brrrr, Brrrr.

Ah. Cette fois, c'était la sonnerie de mon téléphone. Nettement plus raisonnable.

– Allô ?

– Indie ? C'est papa, a dit… ben… papa. Tu as des nouvelles de Dylan ?

Faisant un signe à mon demi-frère pour qu'il reste silencieux, j'ai essayé de gagner du temps.

– Quoi ? ai-je quoiqué.

– Il aurait dû rentrer à la maison voici une demi-heure. Fiona est très inquiète !

– Ah ?

(Plutôt une sorte de « Aïe ».)

– Elle a essayé de le joindre sur son mobile, mais tout ce qu'elle a obtenu, c'est un message très insolent, disant qu'il était assez grand pour veiller sur lui-même !

Houlà. Dylan avait-il agi comme ça par ma faute ? Oui, absolument...

– Ah ? ai-je fait. Oh, mais, justement, je m'en souviens... J'ai reçu un message de lui il y a cinq minutes. Il me disait qu'il était en route pour la maison.

Oh là là ! Ce que je pouvais être nulle, comme actrice ! Par chance, papa a marché quand même.

– Tu m'en vois soulagé. Mais j'aurai un ou deux mots à lui dire sur le ton qu'il emploie avec sa mère...

– Euh, papa, écoute, il faut que je raccroche, je… je suis avec quelqu'un !

Clic – j'ai vite éteint mon téléphone, avant d'être obligée d'avouer que ce quelqu'un était Dylan.

MINCE.

Je ne m'attendais pas du tout à ce que ce soit si compliqué d'être une grande personne cool ! Et je n'imaginais pas que Dylan aurait de gros ennuis par ma faute !

J'étais loin de me douter que j'allais moi aussi au-devant de très GROS ennuis…

6

Ennuis à la puissance 2

En prenant le chemin de la maison, j'ai essayé d'oublier que j'avais causé de gros ennuis à Dylan avec ma liste **ÊTRE UNE GRANDE PERSONNE, C'EST COOL**.

Alors, à la place, j'ai pensé aux grenouilles. Et voilà ce que je me suis dit…

D'accord, de fait, je suis une petite fille. Mais ça ne m'empêche pas de savoir sur les animaux des TONNES de choses que beaucoup d'adultes ignorent. Par exemple, sur les rainettes, je sais que:

a) elles sont originaires d'**Amérique** et du **Mexique** (les rainettes vertes, en tout cas),

b) elles ont besoin de vivre dans un **vivarium** (mot snob pour bocal en verre),

c) il leur faut une **lampe à infrarouge** (mot snob pour ampoule),

d) il faut que leur vivarium éclairé aux infrarouges soit recouvert de **sphaignes** (mot snob pour de la mousse), **ET**

e) elles mangent des criquets **(beurk)**.

Ces choses sur les rainettes me trottaient dans la tête lorsque je suis arrivée dans notre rue. J'ai alors vu un spectacle qui m'a toute retournée.

Mme O'Neill, notre voisine, se tenait sur le trottoir – avec sa haie bien époussetée en fond de décor – et elle pleurait…

Maman – pourtant, elle était censée travailler tard – avait enlacé la vieille dame ; d'une main, elle lui donnait des tapes dans le dos ; de l'autre, elle tenait son mobile collé contre son oreille.

AU SECOURS… qu'est-ce qui n'allait pas ?

J'ai couru vers elles, plus qu'impatiente de savoir ce qu'il y avait.

Lorsqu'elles m'ont regardée toutes les deux, j'ai compris ce qui n'allait pas : moi.

– Indie ! s'est écriée maman. Où diable étais-tu passée ?

Elle ne souriait pas du tout, au contraire.

J'avais complètement oublié que Mme O'Neill devait me garder ! J'ai lâché d'une toute petite voix :

– Au parc…

Affublée de sa petite laine et de ses pantoufles, Mme O'Neill s'est précipitée vers moi et a hoqueté en m'écrasant TRÈS FORT contre sa poitrine :

– Indie ! Le ciel soit loué ! Tu n'es pas morte !

J'ai plus ou moins entendu maman qui disait :

– Au parc ? En tout cas, tu n'y étais ni avec Soph ni avec Fi ! Je viens de leur téléphoner ! Et tu sais très bien que tu n'es pas

autorisée à t'y rendre seule, à moins d'être accompagnée par les chiens !

J'étais à moitié étouffée par les bras de Mme O'Neill (et sa petite laine), alors, j'avais du mal à entendre. J'ai marmonné – pas très sûre que maman comprendrait :

– Mmm… j'étais pas toute seule… j'étais avec Dylan.

Si, si, elle m'avait entendue.

Elle a tempêté :

– Avec Dylan ? Eh bien, de toute façon, la question n'est pas de savoir avec qui tu étais ou n'étais pas, Indie ! Le problème, c'est qu'on s'est fait un sang d'encre à ton sujet ! Mme O'Neill t'attendait chez elle juste après l'école. Comme tu ne venais pas, elle m'a téléphoné au travail pour m'avertir que tu avais disparu ! J'étais sur le point de téléphoner à papa ! Et à la police !

– La police ? Mais il... il n'y avait pas... de souci à se faire ! Je... n'avais pas... disparu ! ai-je tenté de protester.

(Mme O'Neill me serrait encore plus fort, et m'embrassait au sommet du crâne comme si j'étais un minou qui venait de réapparaître sur le pas de sa porte après des années d'absence.)

– India, tu n'as que dix ans ! C'est normal que je m'inquiète ! Surtout si tu

ne réponds pas au téléphone !

Tout en suffoquant dans la petite laine de Mme O'Neill, je me suis rappelé que j'avais bel et bien éteint mon mobile, de peur que papa rappelle, à la recherche de Dylan.

Je me suis gentiment dégagée (enfin !) de son étreinte :

– M'man, je suis désolée....

– Et moi donc, Indie ! J'espérais que tu agirais en grande personne, mais je vois que ce n'est pas le cas, a dit maman, l'air effondré. Bon, et maintenant peux-tu rentrer à la maison, s'il te plaît ? Caitlin vient d'arriver, et je DOIS retourner au travail.

Ouille !

Le ton et les paroles de maman étaient plus cuisants

qu'un bouquet d'orties ! J'avais fait une bêtise, c'est vrai. Mais depuis quand était-elle si grincheuse avec moi ?

En tout cas, j'ai obéi, je me suis dirigée vers la maison.

Et c'est alors que j'ai trouvé le sixième point de ma liste **ÊTRE UNE GRANDE PERSONNE, C'EST COOL**...

6 Tu n'es pas **OBLIGÉ** d'obéir.

Ça, oui,
ce serait sympa,
non ?

7

Les nouvelles (pas fameuses) de Caitlin

Donc, j'avais fait peur à maman en arrivant en retard à la maison.

Ensuite, elle s'était tellement fâchée contre moi que j'avais failli avoir peur aussi.

Cinq secondes plus tard – après avoir mis les marches du perron entre maman et moi – j'ai donc trouvé le septième point de ma liste **ÊTRE UNE GRANDE PERSONNE, C'EST COOL :**

> **7** Tu n'as peur de **RIEN**.

J'ai franchi le seuil d'un bond, fuyant la mauvaise humeur de maman. Et j'ai crié :

– Caitlin ?

– Ouaoua ! a ouaouafé George.

– ***Mia-ouuuuurr!!*** a miaourlé Kenneth, dans son excellente imitation d'un chat.

– Ouaf ! a ouafé Dibbles, en **tchoup-tchoup-tchoupant** avec sa queue sur le tapis de l'entrée.

– **VAOUMMM-RAOUMMM-RAOUMMM...**

Le **VAOUMMM-RAOUMMM-RAOUMMM** venait de la chambre de Caitlin. En longeant le couloir dans un méli-mélo de chiens, je l'ai appelée encore une fois.

Pas de réponse. Elle jouait du didgeridoo, trop fort pour m'entendre.

– **VAOUMMM-RAOUMMM-RAOUMMM...**

Ce que jouait Caitlin était très triste. Mais, au didgeridoo, *tout* sonne triste. Même *Joyeux anniversaire* est sinistre.

Je suis arrivée devant la porte de sa chambre et j'ai toqué. Le **VAOUMMM-RAOUMMM-RAOUMMM** s'est arrêté.

– Entre ! a reniflé une voix.

On aurait dit que Caitlin avait un rhume.

À moins que…

Dès que je suis entrée, j'ai vu que Caitlin avait pleuré. Tellement pleuré que son eye-liner noir avait dégouliné le long de ses joues. (L'amas de mouchoirs chiffonnés et humides jetés sur le tapis était aussi un petit signe révélateur.)

J'ai demandé :

– Qu'est-ce qui ne va pas ?

– Oh, Indie… j'ai un gros problème ! a reniflé Caitlin, perchée sur son lit, son didgeridoo coincé entre les jambes.

– Tu as un problème ? Comment ça se fait ?

Pendant ce temps, Dibbles m'a poussée à petits coups de museau pour entrer dans la chambre, lui aussi.

C'était affreux de voir Caitlin si malheureuse. Mais, dans un sens, ça me remontait le moral : ainsi, même les grandes personnes cool pouvaient avoir des ennuis !

– C'est à cause de mon nouveau job, a expliqué Caitlin. J'ai eu un avertissement, aujourd'hui, et j'ai été renvoyée à la maison plus tôt que d'habitude. La maman de Scarlett dit que je DOIS mieux faire, sinon, je serai licenciée…

J'ai enlevé la montagne de magazines qui encombrait son lit pour m'asseoir à côté d'elle.

(Dibbles s'est aussitôt installé sur les journaux et a **tchoup-tchoup-tchoupé** de contentement.)

– Qu'est-ce que tu as fait de mal ? ai-je demandé.

– Rien !

– *Rien ?* (Il y avait FORCÉMENT quelque chose !)

– Ben, la maman de Scarlett dit que les bébés ne doivent pas manger des aliments brûlés.

– Comment sait-elle que tu lui as donné des aliments brûlés ?

Tout en disant ça, j'ai pensé aux saucisses roussies et aux haricots carbonisés que Caitlin préparait parfois pour nous deux, à midi.

– Euh… toutes ses casseroles étaient noircies.

Tout à coup, un souvenir m'est revenu. Une fois, maman avait déclaré en riant que Caitlin était un peu magicienne : il lui suffisait d'un repas pour faire virer l'intérieur des casseroles de l'argent au noir.

Mais ce n'était quand même pas à cause d'une ou deux casseroles à récurer que Caitlin était menacée de renvoi ! Si ?

– Et c'est tout ce qu'il y a eu ? Rien d'autre ? me suis-je étonnée.

– Si… elle n'a pas du tout aimé le mobile que j'ai accroché au-dessus du berceau de Scarlett.

Caitlin a essuyé ses larmes d'un revers de main. (Ça a étalé encore plus son eye-liner et, du coup, elle m'a fait penser au ramoneur que j'avais vu une fois, en classe, sur une illustration.)

– Et pourquoi elle ne l'a pas aimé ?

– C'étaient des chauves-souris. Elle dit que ça risque de faire faire des cauchemars à Scarlett. Pourtant, c'est mignon, les chauves-souris, hein, Indie ?

– Oui… si on veut. Donc, tu as cramé la bouillie de Scarlett, et tu lui as fabriqué

un mobile qui déplaît à sa maman. C'est tout ce que tu as fait ?

– Oui. À part déguiser Scarlett.

– Tu l'as habillée en QUOI ?

– J'ai juste eu le temps de lui peindre les ongles en violet foncé. Comme moi, tu vois ? a dit Caitlin en agitant les doigts. Là, la mère de Scarlett est arrivée et a piqué une crise.

Zut alors ! Je n'ai pas voulu le dire à Caitlin, mais je comprenais pourquoi la maman de Scarlett s'inquiétait un petit peu…

Caitlin a continué :

– Tu comprends, Indie, si je me fais encore licencier, je ne pourrai plus payer le loyer de ta maman !

– Oh.

Alors, là, ça ne promettait rien de bon. Maman ne gagnait pas des mille et des cents comme directrice adjointe du refuge. Elle avait vraiment besoin de cet argent.

– Je ne sais pas quoi faire ! a couiné Caitlin, qui a encore fondu en larmes.

Apparemment, ses larmes ont paniqué Dibbles : sa queue s'est arrêtée de **tchoup-tchoup-tchouper**, et, s'écrasant à plat sur son gros ventre, il a rampé sous le lit.

Moi aussi, j'étais plutôt paniquée. Surtout que Caitlin pleurait sur mon épaule.

J'étais figée sur place.

Qu'attendait-on de moi ?

Jamais une grande personne ne m'avait fait un truc pareil ! Les adultes ne pleurent pas devant les enfants, et ils ne leur réclament pas de câlins ; c'est toujours l'inverse !

Soudain, j'ai compris ce que je devais faire.

J'ai mis mon bras sur l'épaule de Caitlin, et j'ai dit d'une voix réconfortante :

– Allons, allons… Tout va s'arranger.

Je ne savais pas du tout comment ça allait s'arranger. Mais une chose était sûre : m'occuper de Caitlin, ça me donnait soudain l'impression d'être une vraie grande personne.

Cool…

8

Ça se complique (trois fois)

Ma catastrophe sourcilière très peu « grande personne » était arrivée dimanche.

On était maintenant mercredi, et j'étais sortie de l'école depuis cinq minutes.

Donc, en principe, la partie chauve de mon sourcil avait forcément commencé à repousser.

J'ai soulevé ma frange et examiné mon reflet dans la vitrine du marchand de journaux.

Zut... toujours rien.

Pendant que je m'observais en faisant zut, zut ! deux personnes ont couru vers moi en hurlant.

– Indie ! a crié la première – c'était Soph.

– On vient d'avoir une idée géniale ! a renchéri la deuxième – c'était Fi.

Je leur avais dit au revoir il n'y avait même pas deux minutes. Nous ne partions pas dans la même direction, ce jour-là, car je devais me rendre en bus chez papa. (Je prenais mon goûter là-bas parce que maman travaillait tard. Encore.)

Je me suis dépêchée de rabattre ma mèche, en demandant :

– Une idée ? Laquelle ?

– Regarde, une nouvelle boutique de beignets vient de s'ouvrir dans le centre commercial !

a haleté Fi, qui agitait un prospectus qu'on venait sans doute de lui donner.

– Oui ! a enchaîné Soph. Ils ont plein de parfums ! Du genre *chocolat glacé aux pépites de chocolat !*

– ET *chocolat saupoudré de vermicelles de chocolat* !

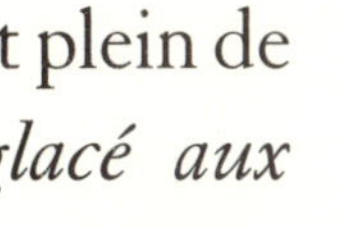

– ET *arôme guimauve avec glaçage à la vanille* !

– ET *arôme popcorn avec glaçage au café* !

– Et *arôme crème au beurre de cacahuète* !

Pendant qu'elles caquetaient, j'ai eu comme une envie de vomir. Je ne sais pas d'où ça venait : de tout ce méli-mélo de parfums, ou du fait que mes amies avaient **failli** me surprendre avec mon demi-sourcil à l'air.

Fi a proposé :

– Bref, si on y allait demain après l'école, et qu'on claquait tout notre argent de poche pour acheter **plein** de beignets ?

Sur le moment, j'ai trouvé que ça pouvait être rigolo, dans le genre débile.

Et puis je me suis imaginée dans le centre commercial, en train de fourrer dans ma bouche beignet sur beignet, et j'ai décidé que c'était seulement débile.

Et que ça n'était pas très « grande personne ».

– Non, ai-je décidé en haussant les épaules. Ça ne m'emballe pas.

– Comme tu veux ! a dit Soph, l'air aussi surpris que si je refusais une bonne occasion de gagner une **montagne** d'euros. Puisque tu vas chez ton papa, tu veux bien demander à Dylan si ça le tente de nous accompagner ?

J'ai hoché la tête, et commencé à m'éloigner :

– Oui, OK.

(Il commençait à y avoir du vent. Ce n'était pas le moment que ma frange se soulève – alors que, jusqu'ici, j'avais réussi à protéger le secret de mon demi-sourcil…)

– Hé, Indie ! m'a lancé Fi. Qu'est-ce que tu regardais dans la vitrine du marchand de journaux ?

– Euh… juste un magazine qui avait l'air… intéressant, ai-je improvisé à toute vitesse. Bon, je me sauve, sinon, je serai en retard !

Vous savez, j'avais été très impatiente de m'installer

dans le bus, en route pour la maison de papa. Je me voyais en train de rêvasser tranquillement, et peut-être même d'avoir de brillantes nouvelles idées pour ma liste **ÊTRE UNE GRANDE PERSONNE, C'EST COOL.**

Alors qu'en fait, je me suis retrouvée avachie sur mon siège, à ruminer. Soph

et Fi n'avaient sûrement pas cru que je m'intéressais aux journaux exposés dans la vitrine.

Peut-être parce que la revue que je fixais était:

PÊCHE & CHASSE
magazine…

Zut.

Ce jour-là, tout avait été plutôt compliqué, avec mes amies.

D'ABORD, Soph et Fi avaient voulu savoir où j'étais allée la veille, puisque maman leur avait téléphoné. Quand je leur avais appris que j'étais au parc avec Dylan, elles avaient eu l'air un peu vexées. Mais bon, je ne pouvais quand même pas leur dire pourquoi je ne les avais pas invitées: parce que je voulais supplier Dylan de ne pas leur révéler le secret de mon demi-sourcil ! Donc, j'avais fait mine de me passionner pour les exercices de calcul que nous avait donnés Mlle Lévy. (Et elles avaient dû trouver ça TRÈS bizarre, vu que j'aime le calcul autant que les gifles...)

ENSUITE, elles s'étaient entêtées à me demander pourquoi je leur parlais en tournant la tête de côté. Et je n'allais quand même pas leur dire : parce que j'ai peur que vous aperceviez mon sourcil à moitié chauve ! Donc, je leur avais servi un mensonge : je m'étais fait un torticolis en dormant...

APRÈS, il y avait eu l'histoire du marchand de journaux, et mon deuxième mensonge sur le magazine, alors qu'en fait je...

Oh, tiens ! Caitlin !

Mon bus avançait à un train d'escargot dans la rue principale, au beau milieu de la circulation. J'ai eu tout le temps de regarder Caitlin : accroupie, elle souriait d'un air plutôt paniqué à un bébé qui pleurait, dans une poussette. (Scarlett, je suppose.)

Vous savez, je crois que certains bébés oublient comment on s'arrête de pleurer, une fois qu'ils sont lancés. Bébé Scarlett braillait de toutes ses forces

et elle devenait aussi rouge qu'une tomate : bébé Scarlett avait l'air d'avoir la scarlatine.

Et voilà ce que j'ai vu :

Caitlin a voulu lui donner une tétine, mais Scarlett l'a repoussée et a continué à hurler.

Caitlin a agité devant elle un doudou lapin aux longues oreilles, mais bébé Scarlett est devenue encore plus écarlate.

Caitlin a fait une grimace rigolote : façon film d'horreur, en étirant la bouche et en louchant vers le bas. Mais bébé Scarlett a crié encore plus fort.

Caitlin était sur le point de s'arracher les cheveux. Et puis, elle a fouillé dans son sac comme si elle venait d'avoir une idée géniale.

Là, le bus a pris de la vitesse. Mais j'ai eu le temps de voir que Caitlin plaçait une paire d'écouteurs sur les oreilles de Scarlett, et mettait en marche son lecteur de CD. Scarlett s'est arrêtée de hurler une seconde. Le choc, j'imagine. Parce que, la seconde d'après, elle a recommencé à pleurer et à brailler de plus belle.

Misère !

C'est vrai que la musique calme quelquefois les bébés pleurnicheurs. Si on leur fait écouter *Ainsi font, font, font, les petites marionnettes*..., ou quelque chose comme ça.

Mon petit doigt m'a dit que la musique rock assourdissante de Caitlin n'était pas exactement le genre de berceuse que la mère de Scarlett aurait approuvé. Et j'ai pensé :

« Ça ne va pas traîner longtemps avant que Caitlin se fasse licencier et redevienne ma baby-sitter... »

9

Oups, on dirait que je suis invisible

Je venais de raconter à Dylan tous les ratés de Caitlin:

Nous étions sur le divan, dans le salon de papa et Fiona (et Dylan). Fiona (qui cuisine très bien) préparait un truc mirobolant pour le goûter, et papa essayait de l'aider (traduire : Fiona l'avait dans les pattes).

Quant à Dylan… eh bien, il m'écoutait en hochant la tête régulièrement. Comme il est très futé, à sa drôle de manière, il allait forcément conclure que, hélas, Caitlin n'allait pas tarder à se faire renvoyer.

Il a dit en souriant jusqu'aux oreilles :

– C'est génial !

– Hein ? Génial que Caitlin perde son job ? C'est ce que tu penses ? !

– Non, le truc dont tu as parlé avant : la nouvelle boutique de beignets ! Ça doit être cool !

Ah là là, ce Dylan… Il est peut-être super intelligent pour tout ce qui est scolaire, mais, dans le fond, ce n'est qu'un tout petit garçon.

J'ai jeté un coup d'œil vers la porte, pour être sûre qu'on pouvait papoter sans risque :

– Laisse tomber les beignets… Alors, comment ça s'est passé, hier, quand tu es rentré ? Est-ce que papa et Fiona étaient furieux contre toi ? Est-ce qu'ils sont furieux contre moi ?

J'étais inquiète parce que, en réalité, les ennuis de Dylan venaient de ma liste **ÊTRE UNE GRANDE PERSONNE, C'EST COOL.**

Dylan a lâché :

– Normal…

plutôt, oui…

et NON.

Il avait répondu à mes questions dans l'ordre. (Je crois.)

– Je ne leur ai pas dit que j'étais avec toi, ni parlé de ta liste, ni rien, a-t-il continué.

– Oh, merci !

C'était drôlement sympa de sa part, je trouve.

– Est-ce qu'ils sont toujours furieux contre toi ?

Dylan a sorti de sa poche son yo-yo fluo et l'a fait voltiger.

– Non. Maman a dit que, si je demandais pardon et promettais de ne plus recommencer, elle me ferait du tiramisu.

Ça nous a rendus silencieux. On avait l'eau à la bouche en pensant au tiramisu…

J'ai fini par demander, en me penchant pour sortir mon calepin de mon sac :

– Tu veux savoir ce que j'ai encore ajouté à ma liste ?

(J'avais eu cette idée dans le bus, en allant chez papa.)

En grimaçant un peu, car son yo-yo venait de lui cogner le tibia, Dylan a déclaré :

– Non, non, ça va comme ça. J'ai décidé que je n'avais plus envie d'être une grande personne. C'est L'HORREUR, selon moi. En plus, quand tu es grand, on ne te prépare jamais de tiramisu…

Bref, pour ce qui était du soutien de Dylan (dans ma « grande-personnitude », je veux dire), je pouvais toujours courir !

Papa est entré au salon et s'est laissé tomber à côté de nous sur le canapé :

– Alors, Indie, comment va maman ? Elle semblait un peu préoccupée, hier soir, quand elle m'a téléphoné pour savoir si tu pouvais venir goûter ici.

Préoccupée... Dans le langage des grandes personnes, ça signifie surtout « dure d'oreille ». Eh bien, c'était le mot juste. Pour ce qui était de faire la sourde, maman était excellente, surtout avec moi.

Papa, au contraire, était plutôt du genre décontracté, pour une grande personne. Lui, il m'écouterait peut-être...

J'ai commencé :

– Elle est devenue BIZARRE, papa.

– BIZARRE ? Comment ça ? a-t-il demandé en attrapant la télécommande sur la table basse.

– Eh bien, tu vois, hier soir, j'ai essayé de lui expliquer... des trucs. Mais elle a juste fait « Mmm » en continuant à travailler.

Je n'allais pas tout raconter à papa. Inutile de lui dire que j'avais inquiété maman et Mme O'Neill, ni que j'étais arrivée en retard à la maison parce que j'avais traîné avec Dylan. Mais, hier soir, j'avais voulu demander pardon à maman pour tout. Et – aïe ! – elle m'avait donné l'impression que j'étais invisible.

Papa a fait en hochant la tête :

– Mmmm...

Génial.

Il était fasciné par les informations. Normal, le présentateur annonçait qu'un homme politique important avait donné sa démission, ou s'était fait enlever par des extraterrestres...

Si ça se trouve, c'était une NOUVELLE TRÈS IMPORTANTE, et toutes les grandes personnes de notre pays étaient elles aussi « enchaînées » à la télévision.

Mais moi, je ne voyais qu'une chose : j'avais eu bien raison d'écrire sur ma liste **ÊTRE UNE GRANDE PERSONNE, C'EST COOL :**

8 Les gens t'ÉCOUTENT.

Parce que, franchement, ils font tout le temps la sourde oreille, lorsque tu es une petite fille qui n'a que dix ans et que tu es invisible…

10

Ma maman est-elle une extraterrestre ?

Quand papa m'a déposée devant la maison et que je suis entrée dans la cuisine, j'ai trouvé maman en train de caresser une rainette.

Très délicatement, car les grenouilles rainettes sont si petites qu'il n'y a pas beaucoup de place pour les caresser.

Maman avait un regard affectueux (pour la rainette, pas pour moi). Mais j'ai remarqué qu'elle avait des cernes de fatigue. Cela avait-il un rapport avec le fait que j'avais vu sa lumière allumée

très

très,

très tard,

cette nuit, lorsque j'étais allée faire pipi en catimini ? Avait-elle travaillé à sa mission top secrète au beau milieu de la nuit, et même encore plus tard que ça ?

Tout en bataillant pour enlever ma veste, je lui ai demandé :

– Tu nettoies le vivarium ? Je peux t'aider ?

Si je lui proposais un coup de main pour laver le caca des grenouilles, ce n'était pas pour me mettre dans ses petits papiers. Je l'aide toujours à s'occuper des animaux, à la maison, que ce soit nos

toutous/chatte/poissons, ou bien les pensionnaires qu'elle amène.

Maman a marmonné sans m'adresser un seul regard :

– Non, je m'en charge moi-même, ça ira plus vite.

Soupir…

Vraiment, les parents sont bizarres ! Une fois, ils te tannent pour que tu participes un peu plus au ménage ; la suivante, ils te font bien sentir que tu es trop petite pour faire les choses correctement.

Voilà, ça aussi, c'est une preuve qu'**ÊTRE UNE GRANDE PERSONNE, C'EST COOL** ; si ça t'arrange,

9 Tu n'es pas obligé de faire le ménage.

Et vous savez quoi ?

Chez papa, je m'étais amusée à imaginer que l'homme politique dont on parlait aux informations s'était fait enlever par des extraterrestres, n'est-ce pas ?

Eh bien, là, je commençais vraiment à me demander si ma jolie et gentille maman, si tête en l'air, n'avait pas été embarquée dans un vaisseau spatial ; et remplacée par une extraterrestre ronchon de la planète Plusvitequeça, qui justement lui ressemblait un peu…

– Indie, voudrais-tu me rendre un service ? a-t-elle dit tout à coup, en regardant enfin dans ma direction.

– Bien sûr !

– J'ai une migraine épouvantable. Peux-tu demander à Caitlin d'arrêter un peu avec le didgeridoo ?

J'ai haussé les épaules (ce qui voulait dire « OK ») et j'ai filé vers la chambre de Caitlin, où résonnait l'habituel :

VAOUMMM-RAOUMMM-RAOUMMM...

De toute façon, j'avais envie de savoir comment Caitlin s'en était tirée, après ma séance d'espionnage dans l'autobus.

Après avoir toc-toc-toqué à la porte, j'ai lancé :

– Euh, salut ! Je peux entrer ?

Le **VAOUMMM-RAOUMMM-RAOUMMM** s'est brusquement arrêté sur un rot et un gargouillis, et une voix tremblotante a fait :

– Mm-mm !

Houlà. J'ai eu comme un drôle de pressentiment : Caitlin s'était fait renvoyer !

Encore.

Alors que je me faufilais dans sa chambre, elle a sangloté :

– J'ai été virée !

Encore !!

– Mais **pourquoi** ? ai-je lâché, même si je devinais la raison du renvoi de Caitlin.

Le lit de Caitlin était jonché de mouchoirs et d'emballages de bonbons et de chocolats. La tête de Dibbles couvrait ses pieds. C'est un chien qui n'a pas beaucoup

de cervelle; mais il avait dû renifler de la tristesse, et venir tenir compagnie à Caitlin.

Ou alors il trouvait ses chaussures très confortables pour faire un petit somme.

Caitlin a répondu :

– J'sais pas !

Elle s'est essuyé le nez et, du coup, elle s'est encore plus barbouillée de rouge à lèvres violet.

– Aujourd'hui, a-t-elle continué, j'avais apporté mon didgeridoo, et j'ai joué des berceuses à Scarlett après l'avoir emmenée faire un petit tour en ville.

– Et ?

– Et la maman de Scarlett est arrivée pile au moment où Scarlett se mettait à hurler en entendant

Ah, vous dirais-je, maman...

Ah, vous dirais-je, maman au didgeridoo ? Pour un bébé ? Scarlett avait dû prendre les vibrations grondantes de l'instrument pour un tremblement de terre ! Sans parler de la musique rock assourdissante qu'elle avait été forcée d'écouter dans sa poussette...

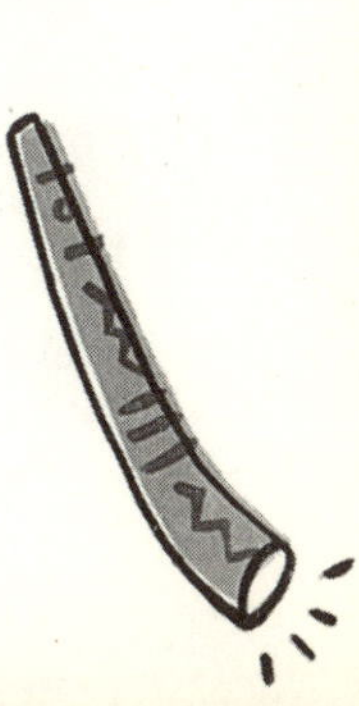

Mais je ne voulais pas peiner Caitlin, alors je me suis exclamée, l'air révolté :

– La mère de Scarlett t'a renvoyée pour *ça* ?

– Oui… et à cause des jeux auxquels j'ai joué avec Scarlett. Je lui ai tout raconté.

J'ai eu un pincement au cœur.

– Quels jeux ? ai-je demandé.

– Les mêmes que ceux qu'on fait ensemble, Indie ! Imiter le tonnerre et les éclairs en entrechoquant des casseroles dans le noir… s'amuser à cache-cache en faisant semblant d'être des fantômes… et

jouer à chat… Tu sais, quand je fais le vampire qui va te mordiller le cou quand il t'attrapera !

En l'écoutant, j'ai eu deux idées.

La première : apparemment, Caitlin n'avait pas remarqué que moi, j'avais dix ans, alors que Scarlett avait à peine dix mois !

La deuxième :

– Caitlin, si ça se trouve, tu n'es pas faite pour être baby-sitter ! Tu es peut-être destinée à un autre avenir !

– Hein ? a reniflé Caitlin, surprise.

– Oui, tu serais sûrement géniale dans un job totalement différent. Est-ce que tu as déjà eu envie de faire autre chose ?

Caitlin a battu des cils, puis elle a hoché la tête avec détermination :

– J'ai toujours voulu être la première chanteuse à jouer du didgeridoo !

Mouais.

Excitant, mais pas très raisonnable. Ça me faisait penser à Ethan Kent, un garçon de ma classe : il répète tout le temps que, lorsqu'il sera grand, il sera Spiderman.

– Cool ! ai-je commenté. Écoute, Caitlin, je vais nous chercher des petits gâteaux et du jus de fruits, et après on discute !

– OK !

Caitlin m'a adressé un début de sourire ; elle avait l'air ravigotée.

Tout en fouillant dans le placard de la cuisine pour dénicher des biscuits, j'ai réfléchi à toute vitesse : je voulais trouver un travail intéressant – et pas dingue – pour Caitlin.

Et tout à coup j'ai eu une idée.

Enfin, trois…

1) Maman a l'air **TOTALEMENT** débordée dans son job, en ce moment.

2) Caitlin se débrouille très bien avec les animaux (même si elle a un petit peu peur de **TOUTES** les bestioles qui courent vite).

3) Si ça se trouve, ils ont besoin de monde au refuge; **Si ça se trouve**, Caitlin peut y travailler!

Penser ça, c'était facile. Ce qui serait compliqué, ce serait de souffler cette idée à l'extraterrestre ronchon (celle qui ressemblait à maman). Ça me donnait plutôt la frousse.

J'ai jeté un coup d'œil de son côté: elle était toute courbée sur une pile de factures ou va savoir quoi, l'air drôlement sérieux.

Mon cœur s'est mis à faire toc-toc-toc-toc,

mais je me suis souvenue tout à coup du numéro

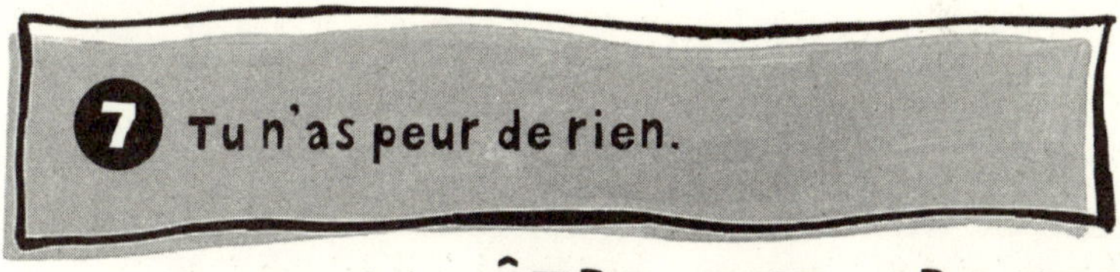

de ma liste **ÊTRE UNE GRANDE PERSONNE, C'EST COOL.**

Justement, c'était le moment ou jamais de n'avoir peur de rien. Je me suis décidée à être très «grande personne»: j'allais convaincre maman de secourir Caitlin.

– M'man…

– Mmmmm ?

J'ai triché un peu, et j'ai tu le fait que Caitlin avait encore été licenciée – on ne savait jamais, ça pouvait contrarier maman:

– Caitlin préférerait garder des animaux, pas des bébés.

Maman a soupiré d'un air las :

– Elle a encore été renvoyée, c'est ça ?

– Mmm, presque, ai-je fait en hochant la tête. Mais, comme je te disais, elle s'intéresse aux animaux. Elle ne pourrait pas venir au refuge ? Pour un stage ou un truc comme ça ?

Mon grand espoir, c'était que Caitlin adore le refuge, que tous les animaux du refuge adorent Caitlin, et que le directeur donne illico un travail à Caitlin.

J'ai adressé un regard implorant à maman, qui semblait sur le point de pousser un très l – o – n – g soupir en disant : « Non. »

– SssshhhHHHHH,

a soupiré maman. Enfin, au moins, puisqu'elle ne travaille plus, elle pourra s'occuper de toi demain, quand tu rentreras de l'école. Si vous passiez ensemble au refuge à ce moment-là ?

– Oh, merci, m'man ! ai-je crié, en oubliant que j'avais affaire à une extraterrestre et en me pendant à son cou.

J'ai eu droit à un gros câlin plutôt agréable, de la part d'une extraterrestre. On aurait presque dit un vrai. En fait, ça m'a horriblement fait regretter ma maman de la planète Terre…

11

La nouvelle carrière de Caitlin

– Ça va ? a lancé maman, en se retrouvant nez à nez avec Caitlin et moi dans la réception du Pense Bêtes.

– Super bien ! ai-je dit.

– Mmm ! a grogné Caitlin.

Je venais de passer une heure géniale. Normal, j'adore venir au refuge sous n'importe quel prétexte, pour passer du temps avec les animaux.

Je ne suis pas sûre que l'heure écoulée avait été aussi géniale pour Caitlin.

Quand Peppa, la truie dodue, s'était frottée contre sa jambe et avait laissé sur son pantalon une traînée marron dégoûtante, Caitlin m'avait demandé :

– C'est de la boue ?

– Euh, oui... avec du caca.

Quand Jenny, la chèvre, lui avait flanqué un coup de tête dans les fesses pour l'envoyer valser dans une botte de foin, ça ne lui avait pas spécialement plu.

Et c'était quand même malheureux qu'elle ait voulu caresser le seul chat hargneux du refuge ! (– Bonjour, monsieur Tiddles ! Comme tu es… aaaaaïayeu !!!)

C'est à cause de ça que nous étions à la réception. L'hôtesse était partie chercher un ÉNORME sparadrap pour le coup de griffes sur la main de Caitlin…

Pour le moment, le directeur – le chef de maman – ne s'était pas du tout montré. Alors, il y avait peu de chances qu'il propose

un travail à Caitlin, comme je l'avais espéré. Mais bon, ce n'était pas très grave, vu que Caitlin ne semblait pas super emballée à l'idée de travailler au chenil comme assistante…

– Écoutez, nous a dit maman, je viens d'avoir un petit entretien avec Amy, la vétérinaire. Elle s'apprête à réaliser une intervention, et elle veut bien que vous y assistiez, si ça vous tente.

– Oh oui, s'il te plaît ! ai-je crié avant qu'elle ait fini sa phrase.

Maman n'était toujours pas comme d'habitude : je ne sais pas, un peu plus distante peut-être. Mais j'avais l'impression que ça allait mieux entre nous, depuis notre gros câlin d'hier. Et puis, elle ne s'était pas énervée contre moi pendant toute une journée. (Youpi !)

– Parfait. Alors, mettez ça, a fait maman, en nous tendant des blouses blanches. Bon, je me sauve, j'ai une réunion importante…

Caitlin a regardé sa blouse comme si elle sortait du défilé de mode le plus hideux et le plus ringard de tous les temps.

– Au fait, Indie ! a lancé maman par-dessus son épaule. Ma réunion risque de se prolonger ! Tu veux bien donner à manger aux grenouilles, quand tu seras rentrée ?

Ah, enfin ! Maman ressemblait un peu plus à maman et un peu moins à une extraterrestre ronchon. Elle me refaisait confiance ! Elle ne me traitait plus comme une gamine idiote !

Très « grande personne », je lui ai répondu :

– Pas de problème !

Caitlin, elle, a enfilé sa blouse à contrecœur, pendant que je l'entraînais vers une double-porte battante.

– C'est quoi, une intervention ? m'a-t-elle demandé.

– Une opération.

Nous venions d'entrer dans la salle d'opération. Amy, la vétérinaire, et Jonathan, l'apprenti vétérinaire, se tenaient près d'une table où se trouvait un petit chien, inconscient.

À mon avis, il y avait des chances pour que le travail de Jonathan plaise à Caitlin ! C'est le genre de job où il n'y a aucun risque d'être en contact avec du caca de cochon.

– Salut, les filles ! nous a dit Amy, à travers son masque. Si vous vouliez bien vous placer là-bas, près du mur, pour minimiser les risques de contamination, ce serait super !

– Il est…

il est…

MORT ?

m'a chuchoté Caitlin.

– Le chien ? ai-je rigolé. Non ! Ils lui ont juste fait une piqûre pour l'endormir.

J'ai ri parce que c'était une plaisanterie. Caitlin voulait rire, non ?

– Bon, Jonathan va badigeonner la peau pour la stériliser…

– BADIGEONNER ? a fait Caitlin, TOUT FORT, cette fois.

Ah, parfait ! Elle était intéressée, puisqu'elle posait une question à la vétérinaire !

– Oui, nous badigeonnons cette zone avec ce liquide spécial pour qu'elle soit stérile. C'est-à-dire débarrassée des microbes, a expliqué Amy, qui a saisi un petit scalpel argenté.

Là, je me suis rendu compte que nous n'étions pas au courant de tout. J'ai donc demandé :

– Amy, c'est quoi, l'opération d'aujourd'hui ?

– Oh, c'est très simple, Indie. Nous allons retirer les calculs qui encombrent la vessie de Ruffles. Nous allons d'abord ouvrir ici, comme ça, et...

Là, il y a eu un drôle de flaaaaaaaaaaaaaf,

suivi d'un

BADA-boum

Aïe ! Caitlin avait glissé le long du mur, s'écroulant sur le sol comme un sac à patates (en forme de fille...).

12

Avoir dix ans, c'est OK (OK ?)

L'air frais avait fait du bien à Caitlin, sur le chemin du retour à la maison. Mais bon, elle restait un peu verte.

Elle aurait dû dire qu'elle ne supportait pas la vue du sang ! Mais l'essentiel, c'est qu'elle était sortie de son évanouissement. L'hôtesse du refuge lui avait donné une tasse de thé sucré (pour le choc) et mis un autre pansement (elle s'était écorché le coude en heurtant le sol

de la salle d'opération). Après, nous avions pu partir.

Maintenant, Caitlin était affalée sur un tabouret de la cuisine, devant une autre tasse de thé sucré, le regard perdu dans le vague. Moi, je donnais à manger aux chiens, à Smudge – et aux grenouilles, bien sûr.

En fait, j'étais en train de faire avaler un criquet à une grenouille (berk). Soudain, des pleurnichements ont attiré mon attention.

Kenneth, George, Dibbles et Smudge ont dû se poser les mêmes questions que moi : ils se sont arrêtés de boulotter leurs croquettes et de croquer leurs boulettes pour regarder Caitlin.

Lui était-il poussé une deuxième bosse à cause de sa chute ? Avait-elle trouvé une deuxième trace de caca de cochon sur son pantalon ?

– Ça va, Caitlin ? ai-je demandé d'un air soucieux.

– Non ! a-t-elle gémi en achevant de vider la boîte de mouchoirs.

– Qu'est-ce qui ne va pas ?

– Je voudrais redevenir une petite fille ! Si j'avais dix ans, je pourrais regarder *Scoubidou* en grignotant des chips, au lieu de m'inquiéter pour mon travail !

– Tu veux rire ! me suis-je étonnée. Ce n'est pas drôle d'avoir dix ans ! C'est bien plus cool d'être une grande personne !

– Alors là, non !

– Alors là, **SI** ! Tiens, écoute un peu…

J'ai attrapé mon sac et sorti mon calepin. Et j'ai commencé à lire à Caitlin ma liste **ÊTRE UNE GRANDE PERSONNE, C'EST COOL.**

Mais elle m'a arrêtée au numéro 3 :

– Fais-moi voir ça, que je la lise comme il faut !

Elle a placé son index au tout début de la liste, puis elle s'est mise à la lire à haute voix, au fur et à mesure, en ajoutant ses propres commentaires…

1. Tout le monde considère que tu as une CERVELLE.

– Oh, Indie ! Quelquefois, je me demande si j'ai une cervelle ! Même quand on est adulte, on a les idées qui s'embrouillent !

2. On ne te gronde pas comme un bébé.

– Je me fais gronder tout le temps ! Par les mamans et les papas des enfants que je garde !

3. Tu peux avoir un travail et habiter où tu veux, sans tes parents.

– Ma famille écossaise me manque tellement que j'ai envie de pleurer, quelquefois…

4. Tu peux t'habiller et te maquiller comme tu veux sans que personne n'y trouve à redire.

– Indie, dans la rue, il y a souvent

des gens qui se
moquent de moi !

5. Tu peux décider de te débrouiller tout seul sans qu'on se moque de toi.

– Personne ne s'inquiète pour moi. C'est agréable, quand quelqu'un t'aime assez pour se faire du souci à ton sujet…

6. Tu n'es pas OBLIGÉ d'obéir.

– Si ! Tu dois faire ce qu'on te dit au travail, sinon, tu te fais renvoyer, comme moi !

7. Tu n'as peur de RIEN.

– J'ai peur d'un tas de choses. J'ai peur des mamans et des papas pour lesquels je travaille, peur de ne jamais retrouver un autre job, peur du sang et…

Nous ne sommes pas allées plus loin. Vu que Caitlin avait peur des petites bêtes qui courent vite, je n'avais pas très envie qu'elle aperçoive la minuscule rainette qui sautillait dangereusement près de son coude recouvert de sparadrap…

(Mais **pourquoi** avais-je mal refermé le grand bocal en verre ? Oh, oui, parce que Caitlin s'était mise à pleurnicher.)

Comment allais-je attraper la grenouille et la remettre à sa place sans que Caitlin l'aperçoive et pique une crise ?

– **Bonsoir** ! a lancé maman dans le couloir.

Une fraction de seconde plus tard, elle était sur le seuil de la cuisine, accueillie à coups de langue par un méli-mélo de chiens.

– Caitlin, je peux te parler une minute, s'il te plaît ? Dans le salon.

– Mmm ! a marmonné Caitlin.

Elle avait l'air d'avoir très, très peur. Comme si elle pensait que maman allait lui demander de déménager, ou quelque chose comme ça.

Je n'ai pas eu le temps de réfléchir à la situation. Je me suis précipitée sur la rainette, l'ai cueillie au creux de ma main, et l'ai laissée bondir avec enthousiasme sur une branche moussue du grand bocal en verre.

C'est uniquement lorsque la grenouille m'a regardée en faisant cligner ses petits yeux que mes cellules grises se sont remises à carburer.

Et voici ce que ça a donné...

★ Caitlin n'a même pas fini de lire ma liste **ÊTRE UNE GRANDE PERSONNE, C'EST COOL**. Malgré ça, j'ai l'impression que j'aurais dû l'intituler **ÊTRE UNE GRANDE PERSONNE, C'EST L'HORREUR**. Je n'aurais jamais cru que les adultes pouvaient avoir les idées embrouillées, avoir peur ou se sentir seuls. En fait, être une grande personne, c'est peut-être **AUSSI** pénible que d'avoir dix ans...

DING!

Le ding venait de ma poche arrière. (Enfin, de mon mobile.)

C'était un message de Dylan avec une photo : lui, Soph et Fi se goinfraient de beignets et souriaient jusqu'aux oreilles.

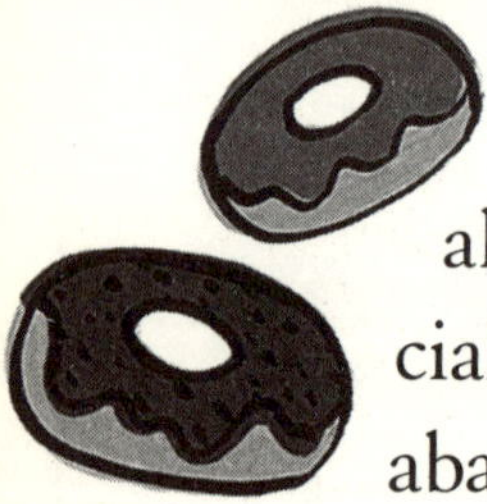

Alors, comme ça, ils étaient allés ensemble au centre commercial ! C'est bête, mais je me suis sentie abandonnée, tout à coup...

Maman a lancé en me faisant sursauter :

– Indie ? Je viens d'avoir une petite conversation avec Caitlin, et j'ai quelque chose à t'annoncer.

J'ai jeté un coup d'œil vers Caitlin. Bizarre. Elle avait l'air super, archicontente, pour une fille qui venait d'apprendre qu'elle devait déménager.

– J'ai un nouveau job, a continué maman. Je vais diriger le Pense Bêtes !

– Génial ! ai-je rayonné.

Et puis, quelque chose m'a turlupinée :

– Tu l'as d'abord annoncé à Caitlin ? Comment ça se fait ?

Je n'étais ni assez importante ni assez « grande personne » pour qu'elle me l'annonce d'abord, c'est ça ?

Maman est venue m'entourer les épaules avec son bras. Elle souriait.

– Ne le prends pas mal, Indie ! J'étais TRÈS stressée, ces derniers jours, tu sais.

J'ai dû préparer un tas de réunions et d'entretiens, sans être sûre de pouvoir accepter ce poste !

Comme je ne voyais pas le rapport avec le fait qu'elle avait prévenu Caitlin avant moi, je suis restée muette. Maman a appuyé son front contre le mien :

– Je vais devoir travailler plus, et je me demandais comment m'arranger, et qui prendrait soin de toi. Enfin, cet après-midi, tout s'est éclairé : puisque Caitlin a besoin d'un travail, et puisque je vais gagner plus d'argent…

– J'ai un NOUVEAU job, Indie ! a explosé joyeusement Caitlin. Je vais m'occuper de la maison et te garder !

– Je suis désolée d'avoir été un peu irritable, ces derniers temps, Indie, a ajouté maman. J'avais trop de soucis en tête.

Ma tête à moi s'est remise à carburer.

Et voici ce que ça a donné...

★ J'ai retrouvé ma gentille maman écervelée de la planète Terre !

★ Caitlin et moi allons nous **AMUSER** comme des folles, **ET** Caitlin pourra s'exercer pour devenir la première chanteuse virtuose du didgeridoo !

★ Être une grande personne, ça m'a l'air **NUL !**

Comment peut-on avoir envie d'être tout le temps stressé et inquiet ? Moi, je veux m'amuser. M'amuser tout de suite !

Maman est allée chercher dans le tiroir le prospectus des livraisons à domicile, en suggérant :

– Si on commandait une pizza pour fêter ça, toutes les trois ?

De mon côté, j'ai vite pianoté un message sur mon mobile :

Reste-t-il un beignet pour Indie la gaffeuse ?

Je l'ai envoyé à Soph et à Fi. Et puis j'ai écrit à Dylan :

Montre ça à Soph et à Fi

suivi d'un joli gros plan de moi en train de loucher, et de soulever ma frange pour qu'on voie bien mon demi-sourcil.

J'ai imaginé les gloussements de Soph et de Fi quand elles le verraient, et ça m'a fait rigoler moi aussi.

Ce qui serait bien, ce serait qu'on retourne tous ensemble chez le marchand de beignets, samedi prochain, pour faire un concours du plus gros mangeur de beignets.

Ce qui serait bien, ce serait qu'on aille au parc, après, pour dévaler la colline en faisant des cabrioles jusqu'à avoir envie de vomir.

Et ce qui serait bien, ce serait que je commence une nouvelle liste, qui s'appellerait :

ÊTRE UNE PETITE FILLE, C'EST COOL...

Table des matières

Indie Kidd

Dans la même collection